Pablo Ayala Hernández

Poemas de Mil Noches

Pablo Ayala Hernández

Poemas de Mil Noches

Latidos de corazón

JustFiction Edition

Imprint
Any brand names and product names mentioned in this book are subject to trademark, brand or patent protection and are trademarks or registered trademarks of their respective holders. The use of brand names, product names, common names, trade names, product descriptions etc. even without a particular marking in this work is in no way to be construed to mean that such names may be regarded as unrestricted in respect of trademark and brand protection legislation and could thus be used by anyone.

Cover image: www.ingimage.com

Publisher:
JustFiction! Edition
is a trademark of
International Book Market Service Ltd., member of OmniScriptum Publishing Group
17 Meldrum Street, Beau Bassin 71504, Mauritius

Printed at: see last page
ISBN: 978-620-0-48826-8

POEMAS DE MIL NOCHES

PABLO AYALA HERNÁNDEZ

Prologo

En mis sencillas ideas sobre mi escritorio desarrollé este libro. Una mezcla de amor y romanticismo, un tanto real e iluso de cualquier ser humano. Expreso mis deseos de conseguir un equilibrio en mi vida, a esta obra se le añade un toque de cariño por la poesía libre, notables batallas de inspiración amorosa que permiten a lector un camino profundo al amor. Encontrarás a lo largo de este poemario varios escritos con un sencillo vocabulario, se trata de un libro apto para ser leído por cualquier persona que prefiera enamorarse de letras de poemas. Un encuentro de un amor pasajero, de una mujer madura que me hace sentir nuevas historias, latidos de corazón por un amante perfecto; nostalgia por besos prohibidos de un amor de lejos. Espero que disfrutes la magia de mi poesía.

Contenido

YO FUEGO...TÚ AIRE

Con cariño te extraño

Mis manos enlazados entre tus manos

Vientos a través de tu piel

Te extraño...no es una mentira

Atmósfera cero en mi corazón

Paseos sin tensión

Ventanas sin rodear

Todo mi amor por aclarar

Sueños imposibles de realizar

En una velada estoy embebido

En tu alma soy perseguido

Noches sin platicar

Lo que queda es estar juntos

En caminos para explorar

Bautizados por tú sentido de amar

No es necesario llorar

Corre por tus condiciones

No tengo confesiones

Sólo un abrazo necesito

Para sentir amor infinito

No descanses hasta fallecer

Recuerdos sin perecer

Rompiendo las leyes de la vida

En cada espacio de tu venida

Eternidad de un amor consagrado

Yo fuego...tú aire

Capaces de generar un gran amor

Para siempre en mi corazón

PIENSO EN TI...

Pienso en ti...

Mujer hermosa

Mi ángel consentido

Todo mi amor en este poema...

Sonrisa que me encanta

labios que me infartan

Ojos que esconden alegría

Piel hermosa sin tocar cada día

Sufro por no verte

Por qué Dios permites dicho sufrimiento

Donde hay mucho sentimiento

No quiero dejar de escribirte

Somos almas gemelas

Que surcan entre los olivos

Enamorados sin final

Entre los aromas de los cultivos

No hay palabras para amarte

Sonetos para escribir

Poesía sin sentir

Enamorados en un bello cuento presente

Días pasan sin poder tocarte

No tenemos culpa de ese tiempo chocante

Tú partida no va ser fácil

En este corazón frágil

Tus carisias estremecen mi alma

Nuestro aroma desprende deseo

Nuestros cuerpos en un sólo placer

Éxtasis por conocer

QUIERO SENTIR

Quiero sentir… una lluvia intensa en un atardecer

Sentir tus lagrimas con esa lluvia oscura

Sonidos en el piso de tú amor

Quiero sentir… tus latidos sin discreción

Quiero sentir… esos momentos de pasión

Sueltos en la lluvia caer

Descubrir una calma sin temor

Quiera sentir… tu alma sin rencor

Quiero sentir… tus anhelos por estar juntos

Disparados como un rayo

Quemarnos en un instante

Quiero sentir… tú amor constante

Quiero sentir… consejos de una hermosa mujer

Exigidos por placer

En una lluvia de atardecer

Quiero sentir… tus pechos estremecer

Quiero sentir… una sola canción

De nuestro amor

Plegados en un sonido con color

Quero sentir… tú cuerpo sin dolor

Quiero sentir… las cosas diferentes

Que palpiten en mis labios

Esos labios que se mueren por besarte

Quiero sentir… tus deseos en mi mente

SIN FUTURO

Así no debe ser la vida...vientos que se llevan mis sueños

Entre lágrimas y frustraciones fugaces

Es tiempo de reflexión sin escaños

Palabras menos...sin resultados de un amor enamorado

Eso es la vida...con decisiones complicadas

Tareas de todos los días sacrificadas

Viviendo cada momento del presente

Sin futuro de frente

Eso es la vida...mujer sin censura

Sensaciones con mesura

Lugares sin sombras

Mi corazón en penumbras

Así no debe ser la vida...emociones apagadas

Almas con corazón cargadas

Recuerdos sin ser borrados

Seres acorralados

Eso es la vida...viajes sin retorno

Corazón enamorado con contorno

Esperando ser encontrado

Por un ser enamorado

AMOR PASAJERO

Navego con un corazón apasionado

No tengo la culpa por este amor enfermizo

Bajos instintos en tú cuerpo

No dejaré esa pasión por una falsa estación

Caminando por fuertes vientos

A favor de tus sentimientos

Atado a tú corazón

Enamorado de tú pasión

No te quiero soltar

Eres parte de mi ser

Es mi tiempo de aprender

No es fácil sin ti caminar

No es un amor pasajero

Eres especial en mi quehacer

Pienso todo el tiempo en tú ser

Sin ningún consejero

No temas por una noche sin verte

Miedos sin razón

Recuerda que nunca te abandonaré

Soy parte de tú corazón

Quiero estremecerte cada momento

Escribir otro capítulo en mi cuento

Donde quiera que estés te llevo en mi presente

Pero sabes una cosa... no es suficiente

MUJER MADURA

Sólo tengo ojos para ti

Espero ser tú símbolo de alegría

Oraciones por este amor

No sabes lo que siento por ti

Oportunidades de estar juntos para siempre

No nada más cada verano

Eso no es suficiente

Te deseo en mi espacio

Dominas mis pensamientos

Con cada palabra en mis oídos

No puedo soportar tus despidos

Me iré contigo sin consentimientos

Mujer madura

Amor que perdura

Sabes lo que quieres

Ese amor prohibido que hueles

NOSTALGÍA POR TUS BESOS

Viento ondulado con gesto de renuncia en mi alma

Historia de cristal corre sin fin por mis venas

Vacio en mi corazón que desnuda mi cuerpo

Por tú ausencia de mi nota sin tono

Tengo que aprender estos momentos sin ti

A pesar que no estés en mi densa pintura de colores

Debo ser fuerte en mi eternidad con pausa

Ese amor por ti que envuelve mi incierto destino

Vidas que surcan rutas disparejas

Bosques que no muestran su luz en sus entrañas

No sé...qué va ser nuestras tormentas sin truenos

Pienso en el amor...no quiero tener más días con sombras

Nostalgia por tú rostro amado que me hace llorar

No he podido aclarar mi derrota sin gloria

No sabes cuánto deseo no detener el filo del silencio

Otro triste día sin besarte un lugar desolado

No hay sueños en mis pensamientos

Tú ausencia me vuelve un solitario sin amor

No quiero sentir esas señales corporales

Por un triste desamor impulsivo

Más que nunca quiero besar tus intactos labios

Anhelo con pasión que fueras una rosa de oscura textura

Volar por el cielo sin rascacielos sin cesar

Quiero sentir tu alma sin dejar de amar

Establecidos están nuestros lúcidos sueños de otoño

Ahora sin compromisos en cada madrugada

Pensando en tú decisión de dos cuerpos con soledad

Sin dejar a un lado mi lecho, mi pluma, mi piel, mi inspiración

Tengo que volver a soñar con signos de vida

Por ese ser tan especial con un corazón adorado

Eres parte de mi vida sin dudar en aguas azuladas

Quiero ser tú espacio celestial con lunas radiantes

No hay formas de decirte un adiós

Lo sé que no te importa esta situación

Siento un corazón desesperado sin razón

Nunca habrá sensaciones sin arrepentimiento

Apostar por un amor prohibido

No es para sanar un corazón

Tristes momentos por venir

Todo va ser falsedad que confunde

Dolor tan profundo tengo en mi alma

Sólo me queda seguir mi camino en soledad

Sin volver a sufrir de nuevo en esa tierra sin miedo

No merezco un nuevo fracaso con letras de poemas

Quiero dormir y no despertar jamás

No quiero pensar en tú amor dolido

Morir sin perdonar en mi escenario dormido

No habrá abrazos nunca más

Besos húmedos sin escapar

Piel de hielo para tocar

Emociones muertas para no borrar

Gran amor de marfil para nunca olvidar

El TIEMPO

Ahora anhelo tú fuego

Me quemo por dentro sin él

El tiempo de ayer fue corto para sentirlo

No podré vivir en corto

Me causas muchas sensaciones hermosas

Al estar a tú lado mujer de mil cosas

No sabré que hacer si no estoy tú lado

Pero si una cosa...te prometo estar a tú costado

Lejos...lejos estás ahora mismo

Pensando en estar conmigo

Vientos del norte tocan tú puerta

Algún día será la suerte de tú apuesta

Nos veremos en día nublado

Sin ningún ruido perturbado

Ojos eléctricos enamorados

Tendremos en un encuentro no frustrado

No te preocupes más mujer de ese mal tiempo

Habrá rezos en mi templo

Para poder tomar tú cuerpo

Luego...magia tendremos por mucho tiempo

No faltes a tú cita

No permitas se acabe esa pasión

Tendremos nuestra reunión sin cita

El destino sanará nuestro corazón

Reza por las almas del pasado

No tiene caso seguir recordando

Nuevos tiempos seguirán apostando

Un comienzo y final sin ser castigado

No más habrá latidos sin sonidos

Somos dos seres escogidos

Jamás separados...siempre unidos

Yo en el norte...tú en el sur muy distintos

Lo seguro que siempre habrá amor

A través de nuestros caminos sin vencer

Más enamorados por hacer

En un mundo para amar

UNA SONRISA

Te siento tan lejos de mi corazón
No puedo con este vacio por tus besos
Acompañados de tus miradas
Muero por esos momentos sin ti

No sabes el sufrimiento de no verte
De pensar perderte
Volver a sentir nuevamente ese día de amor
En aquel lugar con gran esplendor

Robarte una sonrisa me bastará
Sin cadenas mi corazón no estará
No habrá otro lugar por esa pasión
Liberar mi futura tensión

Nuestro comienzo fue a través de una aventura
Sin tener una soltura
Con frescos anhelos
De un amor verdadero

No podré sacarte de mis pensamientos
Sin remordimientos
Eres la mujer de mi sufrimiento
En todo mi juramento

Amor...no es una ilusión
Despierto pensando en ti
Mujer mía...bésame con emoción
Para no alejarme de tú ser

Un sólo aliento me bastará
Para enamórame con locura
Nunca jamás seré nuevamente solitario
Un amor infinito explotará

Mi SECRETO

Sólo un beso tuyo tendrá un espacio en mi alma

Una caricia para sentir tú vibración en mi cuerpo

Largos episodios para sentir tú piel

Eres melodía para mi canción

Te quiero...ese es mi secreto

Un amor puro con pasión

Cierro mis ojos para encontrarte

Visiones en mis atardeceres para ver tú rostro

Eres mi mundo

Sabes a mi pasión

Mi anhelo por estar contigo

Me encanta tú manera de besar

No quiero que me ames

Quiero que me lleves en tú corazón

Eres mi risa con alegría

Eres mis noches con mis lunas

Mujer que te enamoraste de mi corazón

Tú sabes como soy

No pretendas cambiarme

Sólo desea tenerme en tus brazos para amarte

Eres mi existir

Sin nada por esconder

Poemas por tú amor tengo que escribir

Para tener tú amor prohibido

MUJER...DE MIL NOCHES

Oh...que cosa tan más bella me he enamorado

Entre mis sueños sin despertar

Tus besos sin respirar...oh...cosa más hermosa

Mis brazos enlazados en un infinito amor

Cosa más bella eres tú

Recuerdos apasionados

Un ser divino ante mis ojos

Hoy te quiero recordar sin espejismos

Pienso en ti

Como todos mis amaneceres

Largas noches sin verte

Para no extrañarte

Cosa tan más bella tú presencia

Tú pecho en mi respiración

Recuerdos de un amor demente

No muero por tú ausencia

Hoy te quiero recodar

Tú silueta en mis pensamientos

Y decirte que eres hermosa

Mujer...de mil noches

TE EXTRAÑO

No dejaré que seas invisible a mi corazón
Te buscaré entre la tierra y el cielo
Usaré miles espejos para encontrarte
Para poder perdernos dentro de mis huellas

Recuerda que hay muchas razones para amarte
Y no importa lo que pase, te prometo estar en tú mirada
Me siento enamorado por ti
Y aunque no estemos juntos...mi mundo será tuyo

Toda mi felicidad es por tu sonrisa
Y si yo me muero algún día...me llevaré tus suspiros
Me siento impresionado por tu belleza
Más aún...por tú ternura

Te extraño eternamente
Todo no es perfecto por ti... pero sí lo mejor por tú amor
Cada beso mío es mejor que el anterior
Que me enamora cada día más

Y cuando decoro con rosas tú corazón
Vamos a enseñarle al mundo lo que es amar
Tú y yo como libres en el aire
Porque amo todas las locuras de tú amor

Me encanta presumir tú felicidad

Con una gran ilusión

En un perfecto corazón

Todo por estar enamorado sin freno por ti

FANTASÍAS

Hoy tengo miedo de perderte

Guardo silencio para no estar triste

Siento tus pasos en mi sendero

No puedo vivir sin tú aliento

Enfrentar mi vida sin ti

Es no poder conciliar mis sueños cada noche

Recordando tus besos

No podré dormir en noches

Quiero llevar tú vida entera en mi corazón

Piensa que nuestro amor es eterno

No sigas pensando en perderte

Mi amor va a sufrir por siempre

Cada mañana veo tú rosto en mi espejo

Lágrimas en mis ojos reprimidas

Por tú ausencia de tú belleza

Quiero que vuelvas a mi

No quiero tener más dolor por ese amor

Sentimientos que necesitan recordarte

Cada instante a tú lado

No puedes escaparte

Es tiempo de creer que te quiero

Fantasías cada instante por tú aliento

Vientos perdidos de amor

En cada esquina de mi corazón

En mi reloj serás mi tiempo infinito

Horas de mi vida eres un vínculo sin romperse

Antes de ese tiempo yo ya estaba enamorado de ti

No hacía falta que lo supieras amor eterno

Cuando te conocí

Sabía que habría un click de amor

Un sabor hermoso por tus besos

No me cansaría por saboréalos

Entonces me di cuenta que tú sonrisa

Es más que una medicina de amor

Suficiente para mover mi alma

En intensos lazos para sostenerte

ERES MI MOTOR

Hoy desperté con ganas de verte

Siento un vacio en mis palabras

Me duele mi cuerpo al no estar a tú lado

Lágrimas cuando te acercas a mi alma

Quiero seguir tus huellas

Entre el cielo y las estrellas

Sólo déjate besar con amor

Mi cariño tendrás sin cesar

Si estás conmigo siempre te amaré

No puedo dejar de querer

Eres mi motor de mi vida

Inspirado por un amor insólito

Días y más noches que pasan más te extraño

No te siento en mis sueños

Quiero ser tú aire que respiras

Mi alma muere de ansiedad por no verte

Tú eres mi cura de mi locura

Veo mi vida a tú lado con hermosura

Mis ojos tiemblan cuando me ves

Eres la dueña de mi corazón

Eres mi luz en mi oscuridad

No sales de mi cabeza

Mi hermosa princesa roja

Contigo mi vida está llena de cosas

Te contaré todos mis sueños

No sabes que provocas en mi corazón

Te voy a secuestrar

Pero más aún...nadie te va a rescatar

Mil cosas por decirte

Ansió morder tus labios

Arroparte con pasión

En cada noche de placer

No jures un amor inseguro

Piensa mejor ver mi rostro con alegría

Transitar juntos en una vida entera

En ese sueño que nunca olvidaré

Oler tú perfume me vuelve loco

En pocas palabras me enloqueces

Pero en muchas palabras me estremeces

Finalmente…eres mundo

CORAZON AVENTURADO

Adoro tú sonrisa

Un inmenso amor entre ambos con carisias

Para estar siempre enamorado

Ardo en deseo por verte

Un motivo más para vivir

Necesito una noche más para sobrevivir

Sentir tú color de piel

Intenso placer a tú lado

Tengo claro mi destino

Mi corazón respira con tranquilidad

Tú amor no es tan complicado

Pero…me está volviendo loco

Vamos a caminar juntos

No olvides que te escribo versos todos los días

Letras que dicen...Te quiero cada día

Con pocas y muchas palabras sin parar

Tus besos fueron un hechizo en mi ser

Aquella noche de café

Miradas enamoradas

Tus ojos activos me emocionaron

No me dejes tan lejos de tú pasión

No quiero verte desde un rincón

Me derrito por tú amor

No eres un falso corazón aventurado

AMOR DE LEJOS

Hoy trato de percibir tú rostro mujer bella

Esos ojos hermosos color miel

No importa que estés lejos

Te extraño mucho sin saberlo

Hace tiempo que nos conocimos

Tú voz como un ángel

Lo más hermoso que he escuchado

Pero aún más… un rostro hermoso

Extraordinaria mujer de mil caras

Te deseo ver alguna vez

Derramar mi corazón en tus brazos

Te aseguro que tendrás nuevos amaneceres

Sostener tú cabello en mis manos

Un amor prohibido que enloquece mis sentidos

Recuerda que hay muchos retos

No estás sola...estoy contigo

Tú nueva vida te llevará a nuevos horizontes

No te rindas la vida es como un columpio

Arriba y abajo...cosas mejores llegarán

Esas cosas hermosas que haces todos los días

Sólo piensa en alguien para vivir

No para exhibir

Desearía estar a tú lado

Todas las veces que has llorado

Cuando no sepas que hacer

Recuerda que tienes un buen ser

Que te desea lo mejor en tú vida

Para que construyas un mundo cada día

No busques pretextos cada noche

Estas hecha de fortalezas

Sueños por realizar

Aunque tengas miedo por un amor nuevo

Si te escribo

Es por algo que siento

No lo dejes al azar

Sólo necesito un beso tuyo para de nuevo amar

PASIÓN ERRANTE

Tengo alegría volver a pensar en ti

Estas en mis sentimientos todo el tiempo

No importa si estas lejos de mi corazón

Te llevo muy adentro de mi razón

Eres mi pasión errante

No sé estar a gusto sin ti

Tu cabello siempre en mis hombros

Tú mirada en mi alma

En serio…no soporto no verte

Dulces besos en mis sueños

Reflejo de un bello rostro

En mi paseo de cada noche

Corazón valiente es tú suerte

No volverme loco no es suficiente

Tú sonrisa me enloquece

Tú piel me favorece

Cuántos días tienen que pasar para verte

Ese es mi pecado eterno

Tocar tus manos nuevamente

En ese inmenso calor de amor

Tiempos de amor

Enamorarse de un presente y futuro de tú corazón

No me dejes sin tú sabor

Antes de fallecer, te enamoraré con palabras de amor

No hay mejor momento de estar contigo

Me quitas ese aliento

No dejes que se acabe este momento

Siente mis manos con cariño

Seguir tus pasos hasta el final

Tú amor en mi locura

No vivir sin querer, pero si amar hasta el amanecer

Atrapado para siempre en tú vida

Vamos a tomarnos el tiempo para amarnos

No importa la distancia y la edad

Es parte de la vida injusta

Pero sabes una cosa...te amaré hasta que muera

POEMA SIN FINAL

No busques un amante romántico

Todo está dentro de mi

Una lluvia sin parar

Un poema sin final

Eres un misterio sin resolver

Que se resuelve al amanecer

Estas hecha con solidez

Para nunca más sufrir

Me gustas así con cara de Ángel

Oh...mujer hermosa

Desnudas mi ser

Con esos besos húmedos al amanecer

A veces tengo ganas tocarte

Pero no quiero sufrir de nuevo por abrazarte

Yo no puedo saber que pasa por dentro en mi corazón

Una imagen borrosa tuya a través de mi espejo

Quiero despertar de este amor prohibido

Para decirte cuando te extraño

Déjame tomar tú cuerpo cada noche

Ahora si...te amaré como un deseo de un amante

No quiero que nuestro amor sea un secreto

No es momento de parar este amor

Tan cerca de ti...pero lejos de ti

El dulce sabor de piel nos acerca sin cesar

Amor de adolescentes crece entre nosotros

No olvides que vivo por ti

Tu calor de espalda en mis manos

Nada es imposible a tú lado...luz eterna

Deja en mi corazón sus suspiros de cada mañana

Como si fueran aquella noche de café

No te canses de besarme...ni tocarme

Eres mía hoy, mañana y siempre...

Vamos a tomarnos el tiempo necesario

Para no sufrir a diario

Sólo quieres estar a mi lado

Te voy a querer como un soberano

SOLITARIO AMANTE

Hay letras de tú amor que merecen ser leídas

En lo más alto de mis pensamientos

Fuego de ese amor fluye en mis venas

Das ese suspiro que loco me vuelves

A tú lado soy un solitario amante

Tus besos me funden como un diamante

Te llevo en mi imaginación cada noche

Hacer el amor sin conocerte

Conduces mi pasión en lo más alto de mi corazón

No dejes pasar esos momentos de verano

Tú mirada que detiene el tiempo

En tus brazos de un hermoso amor

Vestir tus deseos es lo quiero hacer cada noche

Para nunca perder el aroma de tú piel

Sentir los mejores tiempos de tú ser

Entonces...enamorado voy a quedar

Escribo estas letras para no quedar sin tú amor

Rescatando tus sonidos en mis sueños

Robarte tus sonrisas cada noche de cafe

Toma este amor y hazlo perfecto

Estoy adentro de ti...y fuera de ti

Prisionero de tú amor

Sin sentencia en un futuro

Morir a tú lado será lo mejor

MUJER PERFECTA

Eres mujer perfecta por conocer

Esa noche de café cuando te vi por primera vez

Me enamoré de tú gran estilo

Aún más...cuando toque tú piel

Entonces encontré una gran mujer

Con un corazón en mi corazón

Compartir mis sueños sin escalas

A tú lado vivir con alas

Encontré un amante en ti

Con quien compartir mi amor en secreto

Sólo pienso sin ningún supuesto

En ningún instante...de ese amor errante

Dime que aún estamos enamorados

Caminar entre lugares entrelazados

Veo en mis ojos una mujer enamorada

Ves en tú mirada un hombre enamorado

Esta noche es especial para estar contigo

Acariciar tú cuerpo desnudo

Sentir tus encantos muy lento

Llevarte a un paraíso sin retorno

No va ser fácil olvidarte

No te he dejado de amarte

Muero por verte

En ese café lugar tan excitante

CORAZÓN SIN ALEGRÍA

Si me faltaras algún día

Nunca te dejare de querer

Nadie más va ocupar tú lugar

Mi corazón sin alegría

Si me faltara tus caricias

Estaré en silencio en el finito

No terminará mi sufrimiento

No resistiré abandonar tú corazón

Si me faltara tus besos

En medio de tus suspiros

No habrá más sueños con pasión

No más risas a tú lado

Si me faltara tú apasionado amor

Nunca más te voy a corresponder

Para que prometer lo imposible

Mejor olvidar ese hermoso mundo

No volvería a enamorarme

Si me olvidaras alguna vez

No me importará volverte a verte

Iluminar mi espacio con tú luz

Pensaré en nuestro amor

En tus sonrisas en mis oídos

Eres mi gran amor de mi vida

Quiero saber cómo quitar ese dolor

Nada me hace feliz que tú amor

Sólo con pronunciar tú nombre

Te pido no me dejes morir

Dulces momentos que pasamos

No importa lo que diga la gente

En un pasado y presente en tú mente

Mirada de tus ojos en mi alma

Vivir con calma

Te quiero por tú mirada

Un amor para soñar

Aquel que quita mi soledad

Remueve mi dolor en mi corazón

Quédate conmigo todos los días

Vamos a crear orden en las mañanas

Y un desorden por las noches

No tengo prisa por vivir así

Te amo con terribles fuerzas

Nunca volveré ser el mismo

Te encontraré en esa luz sin viento

Para nunca soltarte jamás

Pensaré en nuestro amor

Para nunca partir

Un amor vivo

Para siempre sin dolor

MI SECRETO

Hace unos ayeres que no estoy en los sueños de nadie
Fortificando mi corazón con tristes palabras
No dejaré a nadie que descubra mi secreto
Es parte de mi escudo al final de este escrito

No quiero llevar más este sufrimiento
Hoy dejaré este tormento
Soy un hombre enigmático
No tengo palabras para decir mi secreto

Penetrante este dolor sin cesar
Pensamientos deben de salir de mí
Merman mi sentido de vivir
Quiero huir de estos nervios monótonos

No tienes que sufrir por mis besos nunca más
Tú belleza debe de estar en otro lugar
No habrá tristeza por este amor
Un sueño desesperado por atrapar

Sensaciones de optimismo en mis ojos
Llevaré bastante actitud en mi viaje
Sin malicia espantosa y delicada
En mi universo con estrellas negras con luz

No hay más minutos para pensar
Es el tiempo de tomar la mejor decisión
Un golpe terrible no habrá para nadie en esta ocasión
No tendré una hermosa visión

Hay estancias con dolor
Con espacios sin color
Vientos del sur al norte por cada estación
Mi vida sin sabor

Tú perfume me enferma de clamor
Vida de recuerdos imparables
Sucesos con grandes reconocimientos
Alegrías por los todos los desiertos

En un cielo gris mis pensamientos van sueltos
Una pesada carga de mí existir
Soportar este dolor sin remedio
No dejaré lugar para débiles

¡Vida horrible!!! Eres así...ni pensar
Testigo de altas y bajas dondequiera
Tiempos de felicidad y amargura en mi ser
Gozar mi alegría va ser un arte sin vida

Iré a lugares desconocidos por momentos
Mirada perdida por un final feliz
Noches llenas de estrellas en mis universos
Eso es que lo que desea mi gran corazón

Reflejo de mis ojos por alegría
Sentir que es un sueño sin cacería
Un amor con fantasía
Envuelto en tus brazos cada día

Deseo dulzura y paciencia en mi camino
Abrir mis brazos para no sentir mi ausencia
Tocarme para expresar mi desorden
Si tengo que respirar para alargar mi tiempo con astucia

Cansado de esta vida con trabajo diario
Rutinas con armonía
Merezco un descanso sin volver
En una soledad llena de amor y triunfos

Quiero quedarme en mi habitación
Sin ningún movimiento de mi piel
Pensar en tú intimidad será de suerte
Entonces será...dormir para siempre

ERES MI VIDA

Qué haría por un beso tuyo
Una mirada que encienda mi deseo
Un abrazo con fuego y pasión
Una tocada de tú piel

¡Santo Dios!!!...eres de carne y hueso
Somos dos cuerpos como olas
En un mar de noche ardiente
Tú y yo a solas

Te pido tú corazón interno
Déjame vivir siempre por dentro
Sueltos mis pensamientos
No fingir que eres tú

Oh...amor hermoso
Entre mis manos siempre estarás
Como suspiros al amanecer
Mañana y noches de placer

Un grito de mi corazón
Deseos por estar a tú lado
Gritos por tú fuego
Sin territorio de nadie

Lleno de ti amor mío
Me derrites con tus besos
Corazón ardiente
En mis sueños sin pendientes

Nunca podré cerrar mis ojos
Ante tu inmensa belleza
Polvo seremos
Olor bello siempre con certeza

Tú olor es mi aire que respiro
Tú perfume mi aliento que domino
Tú amor mi delirio
Tú palabras mi voz por cada noche

Amarte es una idea encendida
Un paseo con destino
Un mundo apasionado por tú ser
Eso eres...mi amante paralizante

El deseo de tenerte en ese hermoso coro
Me consume mi dolor por no estar a tú lado
No merezco este dolor
Eres mi vida...un paraíso para siempre

TRISTE POEMA

Entre más pasión ocupaba en tú amor
Sacrificabas lugares en un mar árido
Intensos pensamientos resguardos sin candados
No había obstáculos para seguir pensando en mi

Te decepcioné en lo más hondo
Un dolor intenso como un relámpago
Una tormenta perfecta en tú mar
Sin salvación de un amor desesperado

Te amé con desesperación
Te quise tanto que mi cuerpo quedo sin voz
Olor de mi piel sin sabor
Mis besos murieron en el último intento

Noche de amargura con café sin sabor
Manos temblorosas sin cesar
Fue un miedo de la verdad
Latidos del corazón en un café perdidos

Soñé contigo esa noche
Te besaba en todas partes
Pero al despertar fue un desaliento profundo
Por perder a una gran mujer

El tiempo sanará ese dolor

Ya extrañó tú sabor

Tú mirada en tú espejo sin reflejo

Un alma sin memoria

Mi pena me ha puesto en un lugar desolado

Hay un café ardiente más triste que tus besos

En aquella esquina de ese lugar sin sombras

Con besos muertos para siempre

¿Cuántas noches debo no soñar por tú ausencia?

Se apagaron las estrellas esa noche

Lágrimas sin recuerdos

Ojos sin ver con un corazón ciego

Es un dolor que no estés conmigo

Un reloj atrasado por el aire

No hay sentido para seguir recordando tus abrazos

Un amor con heridas sangrando

Un amor que muere sin oxigeno

Tú silencio como un alma moribunda

Merezco ese castigo melancólico

Como un árbol sin raíces

No habrá un encuentro más en ese lugar hermoso

Eres el aroma de mis quehaceres

Eres mi sonido de mis oídos

Nunca te olvidaré ese cuerpo de mujer

Me despido con este triste poema

No más vientos en mi bosque

No más lluvia en mi mar

Pero sabes una cosa... te llevaré siempre en mi ser

NO TE RINDAS

Mis labios extrañan tus besos

Esos que me llevan a tocar las nubes

Extraño tus palabras de enojo

Porque si te quiero ver...sólo necesito cerrar mis ojos

Mujer hermosa con un gran porte

Mujer de mundo con experiencia

Mujer sin resiliencia

Mujer de cristal

Construir un camino para un reencuentro

Sólo habrá una nueva oportunidad

No será mi fracaso si te vuelvo a ver

Nadie pierde y ni nadie gana

No te rindas en este momento

Tiempo para no irritarte

Consigue tus sueños

Construye nuevas alas

Aunque tú fuego te consume

Aunque tú lluvia no cae en el mar

Aunque tú vida no tiene viento

Pero aún hay vida en tus sueños

No permitas que tus miedos te consuman

Recuerda que cada día sale un sol en el horizonte

Es tiempo de ser valiente

Recorrer desiertos de sueños perdidos

DESPEDIDA TRISTE

Aunque estés lejos te llevo en mis pensamientos

Como hojas que las lleva el viento sin lugar

Caminar por laberintos sin salida

Pintura de tú rostro muy solicitada

El acero de tú corazón perdido

En un lugar sin sendero

Perfecta razón para estar perdida

Entre nudos de madejas sin salida

No te preocupes por esa tristeza

Ya habrá para lugar para otros débiles

No te arrepientas de nada

Hay personas que dan alegría y lecciones

Regala tú sonrisa a quien la sostenga

No regreses a lo antiguo

No habrá más besos con mordidas

Ni miradas en tú lugar favorito

No más café sabroso

En ese lugar de fantasía

No más luces de luna llena

No más preguntas de tus días

Pero sabes una cosa...sigues en mi corazón

No he dormido por noches

Sueño con ese perfume de mujer

Esos besos de pasión

Olvida tú orgullo...suelta ese espíritu

Amar de nuevo por encima de todo

Tienes el temple de un diamante

Fuego en tus venas

No hay momentos amargos

La vida de los huertos son largos

Cambia tú vida para volver amar

Entre días y noches para empezar

Nuestras vidas tienen otro destino

Como el cambio de estación cada año

Ayer es aprendizaje...hoy es nuevo linaje

Deja huella siempre...siembra amor para la vida

Fue difícil esa herida

Nada fácil olvidarla

Errores que dejan morir corazones

Llorar por un amor consagrado

Existen desiertos con agua

Difícil estar sin tú corazón

Aves que no tienen nido

Emocionada por una aventura apasionada

Fortaleza por este silencio

Seguir cada nuevo paso con certeza

Sonreír para poder llorar

Tengo un secreto nunca más contado

Corazón destrozado sin rumbo

No hay punto de regreso

Cerrar ciclos en la obscuridad

Como un agujero negro cercano a tú amor

La culpa la tienes mis ojos

No puedo soltar tus suspiros

Besos embriagados por café

Paraísos prometidos con amor

Fue todo mágico

Tomar tus manos con deseo

Hubo un descuido fugaz

Todo quedo en profundas tristes palabras

LATIDOS DE CORAZÓN

Cuando vi por primera vez esos ojos
Inmensos colores vertiginosos en ese mar profundo
Como el aire que exhala mi pecho
Eres un bello producto en mi mente a lo lejos

Hace unos días caminamos juntos
Entre noches frías…noches calientes
Tuvimos que caminar sin dolor…con puro amor
Con diferentes historias…con deseos ardientes

Ahora aquí en paz
Al final de un hermoso otoño
Otros tiempos vendrán
Ardientes besos otra boca los tendrán

Noches densas de perfume
Abrazos que cargaban amor
Aquí estoy en nuevo amanecer
Días y noches pasaran sin verme

No olvides mis versos mujer
Eres mi inspiración
Ten voz para expresar tú amor
Sigue siendo luz para tus deseos

No creo que estés sola sin mi

Mi tristeza te acompaña

Besos desesperados se te extraña

No te preocupes ese lugar de café nos une

Creo que no era necesario hacerte daño

No supe entender que era un amor desesperado

Hay en mi corazón mucho espacio para aprender

No hay un amor sin final

Convertir mi tristeza en amor

Verte frente a frente es lo que deseo

Para expresar mis palabras sin rencor

Para terminar lo que empezamos

Cómo será ahora nuestro destino

Envuelto en un espiral sin final

Tallar tú imagen en un mejor lugar

Dentro de un corazón adolorido

Volverte a ver será un alivio

Pensar en dormir a tú costado

No habrá ojos con luz para ese lugar

No habrá más latidos de corazón en un café

Bendecido es tú nombre en mi mente
Dejarás de sufrir por ese amor fallido
Rompiendo esos lazos de amor
El tiempo se acaba

Un nuevo aire pega en mi cuerpo
Será suficiente para seguir en mi futuro
Con un corazón valiente
El tiempo se acaba

Viajar con mi alma solitaria
Reflexionando mis acciones
Pues todo cambia
El tiempo se acaba

Este momento no existe para mi
No estoy soñando
Después de todo no temo a la soledad
El tiempo se acaba

No suficiente este sufrimiento
Escapar no es la mejor decisión
Mi realidad sin espejos
El tiempo se acaba

ENAMORADO

Enamorado de tú piel
Lado a lado con tus manos llegamos a ese lugar
Recordando los minutos espaciados de tú amor
Nacimos para encontrarnos entre el viento y el papel

Amor intenso correspondido hasta el amanecer
Mientras más días sin verte será un día más sin tú calor
No aguanto no ver tú rostro en ese mágico lugar
Preguntas sin respuestas de nuestro amor

Siempre que estas en mis sueños hay algo que me enamora
Palabras de aliento que escuchan mis oídos
El sabor de ese café me deja confundido
Pienso en ti para mitigar mi razón

Aún cuando las luces inertes se apagan
Me gustas, te amo, dame tú pasión
Viajar por el interior de tus venas
En un espiral de un universo sin final

En mis madrugadas tengo espacios vacios
Ojos perdidos en ese espejo parpadeante
Mi corazón grita y se pone de rodillas
En un grito desesperado adolorido

Un amor pasajero...alegrías con insomnio
Lágrimas que corren en mi jardín
Tú amor como las estrellas
Por más que quiero verte...estás muy lejos

Ya no siento odio ni amor
Ese amor me ha dejado con la alma caída
Suspiros sin aliento es mi tormento
Estar solo de nuevo no es salvación

Nada detiene es momento de tristeza
Una decisión correcta para no querer
Nadie como tú para simular fortaleza
Quizá algún día te deje de amar

Cerraré mis ojos para siempre amarte
Envuelto en miel para endulzar tú pasión
Sólo necesito verte de nuevo otra vez
Para abrazarte con fuertes latidos de corazón

CORAZÓN PREFERIDO

No más ausencia de tú amor aromático
Volviste como el verano en mi primavera
Te amo a mi manera sin saber cómo y por qué
Demente nuevamente por tú perfume

Estoy vivo para pensar en ti
Como las olas circundantes en mi mar
No hay diferencias de tú olvido
Has regresado en mi corazón preferido

Eres la mujer elegida
Tengo muy puesto mi amor enamorado
Nada puede reemplazar tus caricias
No olvido lo que guardo en mi corazón

Somos el uno para el otro
Como la lluvia que es provocada por tú sonrisa
Te quiero tanto en las mañanas como en mis noches
Noches con lunas que reflejan tú rostro

Cómo decirte que soy víctima de tú amor
No habrá nuevamente un cielo nublado
Quiero ser tú aroma de piel
Eres mi luz en mis noches oscuras

Me fascina besar tus labios inmaculados
Amarte es rendirme en tus brazos
Amar es desear un sólo cielo para los dos
Te pienso cada momento en mis locuras

Extraño esos besos salvajes
Que sólo mis labios han probado
Me llevan a un inmenso amanecer
No más oscuros secretos en tus sueños

Mi amor fluye como la sangre en tú corazón
Estamos hechos de fuego y aire
Deseo tocar tú torso con mis manos
Vivir nuevamente esa experiencia de placer

Quiero tener esas noches eternas sin morir a tú lado
Beber tus aromas de tú cuerpo
Mi cuerpo concedido para tus ardientes besos
En un amanecer perfecto de la fusión de dos corazones

No tengo que apostar por tú amor

Sólo escribir bellos poemas

Cada noche en mis brazos

Letras de fuego que penetre mi corazón

Cuando vuelvas a estar a mi lado

Habrá fuego y besos en cada atardecer

Como lo suave de tus mejillas en mis manos

Como el sexo ardiente que está en mis sueños

Deseo abrazarte fuertemente

Mi cuerpo con deseo ardiente

Nada nos podrá separar

Ese amor de amantes para siempre

OJOS DE CRISTAL

Te quiero…te amo…te extraño…

No olvido tú ímpetu sonoro

Eres mi paz, mi equilibrio

No pienso dejar ver ese bello rostro

Mujer hermosa que alborota mi pasión

Explosiones amorosas en mi interior

Un frente frio recorre mi rostro

Al pensar en un encuentro contigo

Te busco de norte a sur

Interpretando mis sentimientos enamorados

Abrigados por tus caricias

No hay lugar para que te escapes

Sentidos inertes por perderte

No existen montañas tan grandes como tú amor

Aun así, prefiero escalarlas

No tengo miedo, te prometo que llegaré a la cima para amarte

No olvidaré esos juegos ardientes
Como los vientos de invierno que otorgan emoción
Tus ojos de cristal que brillan en mi alma
Tú fuego que me consume

Eres elegancia que envuelve mis manos
Alma que vaga por mil siglos
Alma que nunca va a morir
Porque sólo pienso en ti

Sentir cada mañana tú cuerpo
Dentro de un mar con olas perfumadas
Tú rostro al filo de ese horizonte fugaz
Mi cuerpo no sabe cuándo despertar

Aroma de tú cuerpo que recorre mi ser
como el rayo que parte el árbol en el campo
Sensaciones de pasión por ti
Un amor ardiente que me derrite

Escribo esta prosa por tú corazón
Tú sonrisa que vuela por el horizonte
Al verte me enamoro más sin parar
Un amante para siempre

Enamorado cada día del roce de tus labios

Latidos de corazón encendidos

Mi respiración se enloquece en tus brazos

Nunca me dejes, nunca te olvidaré

Tú voz de un ángel no caído

Eres mi magia de todos los días

Te quiero robar mil besos

Una línea infinita por tú amor

TÚ SOMBRA

Cada día me enamoro más de tú sonrisa
Como las estrellas que palpitan en mi universo
Eres mi razón para ser feliz
Estas entre los colores de mi arcoíris

Deseo ser una hermosa flor
Colocada en tú cama todas las noches
Un sublime regalo para tú amor
Un hermoso motivo para vivir

El día que no estés mi vida
Seré un hombre sin cenizas
Una neblina oscura oculta en mi corazón
Falsas pasiones que un día se apagaran

A mi lado debes de estar
Tú nombre dibujado en mi playa
Ver cada noche tú nombre iluminada por la luna
Llena de sentimientos sin agonía

En mis manos está impregnado tú perfume

Tú sombra de tú cuerpo proyectada en mis sábanas

Fina y ardiente que acarician mi piel

En profundos deseos de pasión para fundirse en mis sueños

Mi amor arde como una brasa sin misterio

Mis labios llenos del sabor de tus mejillas

No me importa si te dejo huellas de mi ser

Te quiero en mi historia de amor

No te quedes sin decirme que me amas

Tenemos un mundo sin prejuicios

Llena tú alegría con promesas eternas

Lleva tú mirada hacia un camino que lleve mi libertad

Tú paraíso traspasa mi espacio discreto

Tú luz enorme me enamora

Un destino hermoso como hilos de oro en el tiempo

Ecos de latidos de amor que penetran mi ritmo por ti

Si te miro, te vuelves cada vez más hermosa

Tu belleza depende del camino que voy pisando

Entre más largos caminos son...más enamorado voy a estar

Tú cuerpo desnudo en esa noche azul

Eres mi ángel que me duerme
En mi gran jardín en mi pecho
Eres mi sacrificio de mi noche oscura
Eres mi frágil nido sin nombre

Tienes labios que quiero besar antes de morir
Quiero entregarte mi cuerpo como si fuera tuyo
No tardes en hacerlo que me muero
Apresura este deseo para estar a tú lado

Quiero tocar el cielo con tus manos
Dejo de temblar porque eres mi mujer
Sólo quiero una noche de pasión
Para estar siempre enamorado

SOMBRA ENCENDIDA

Me volvería enamorar de ti con una sola mirada tuya

Por una sonrisa que me lleve a mi cielo

Por un beso que parta mi cuerpo

Por unas caricias tuyas en mis mejillas

Mi cuerpo entre tú cuerpo convertidos en un río

Noches de pasión como relámpagos en los océanos

Son la brisa de un mar sin movimiento

Estrellas fugaces en mi universo

Te escribo con esta pluma inmortal

No conoce el fin de la tinta por tú amor

Escribo este poema con palabras con soltura

Déjame escribir más letras para ti

Estas en mis noches nunca oscuras

No debo fingir que estoy enamorado por tus besos

Sólo tú eres, mi mujer hermosa

Trato de no dormir para no estar en silencio en mis noches

Mi corazón grita desesperado por verte
Mi voz no amordazada para decirte que te amo
Menciono tú nombre y se ilumina mi luna
Estoy seguro que estarás en ese lugar de misterio

Cierro mis ojos para desatar mi pasión
Fuego entre mis manos por acariciarte
Placer que inventamos por nuestro amor
Fomentar la libertad para amarte

Tú aroma en el aire que respiro
Eres esa estrella que se aleja
Cierro mi cielo para que no dejarte ir
Para después colocarte en mi jardín de primavera

Luces de tus ojos que atraviesan mi firmamento
Deseos de amor por una mujer que me consuma mi alma
Sólo aquello eres, un hermoso ser
Estoy listo para ese amor profundo

Mis palabras serán diamantes con luz perpetua
Un paraíso no oculto para tú amor
Donde los vientos se pasean entre tú espalda
Estás muy lejos, pero a la vez muy cerca de mi corazón

Añoro tú boca, tú voz, tú cabello
Tengo hambre de tocar tú cuerpo
Comer tú hermosura poesía
Para dejar mi corazón lleno cada noche

Esta noche quiero escribir tú nombre
En las auroras de mi horizonte
Mirar el reloj sin manecillas para que nunca desaparezcas
Para nunca olvidar tú luz

Cada vez que pienso en ti
Estoy en una carrera sin contratiempo
Existe un canto de un ave enamorada
Mi vida por ti dentro de un laberinto sin salida

Tú conduces mi motivación
Días nuevos tuyos me despiertan
Eres mi luz que penetra en mi cuerpo
Tú aurora de manera magistral me guía mi camino

Te amo sin que lo sepas

Amarte es aguardarte

Eres mi sombra encendida

Nunca dejaré que termine este amor

Printed by Books on Demand GmbH, Norderstedt / Germany